BEI GRIN MACHT SICH IHR WISSEN BEZAHLT

- Wir veröffentlichen Ihre Hausarbeit, Bachelor- und Masterarbeit
- Ihr eigenes eBook und Buch - weltweit in allen wichtigen Shops
- Verdienen Sie an jedem Verkauf

Jetzt bei www.GRIN.com hochladen und kostenlos publizieren

Die Psychologie der Zauberkunst. Emotionen, Gedächtnis und Aufmerksamkeitslenkung verstehen

Bibliografische Information der Deutschen Nationalbibliothek:

Die Deutsche Nationalbibliothek verzeichnet diese Publikation in der Deutschen Nationalbibliografie; detaillierte bibliografische Daten sind im Internet über http://dnb.d-nb.de abrufbar.

ISBN: 9783389096024
Dieses Buch ist auch als E-Book erhältlich.

© GRIN Publishing GmbH
Trappentreustraße 1
80339 München

Alle Rechte vorbehalten

Druck und Bindung: Books on Demand GmbH, Norderstedt Germany
Gedruckt auf säurefreiem Papier aus verantwortungsvollen Quellen

Das vorliegende Werk wurde sorgfältig erarbeitet. Dennoch übernehmen Autoren und Verlag für die Richtigkeit von Angaben, Hinweisen, Links und Ratschlägen sowie eventuelle Druckfehler keine Haftung.

Das Buch bei GRIN: https://www.grin.com/document/1524030

„Fallaufgabe plus: Allgemeine Psychologie II- Lernen, Kognition, Emotionen"

16. Oktober 2024

Inhaltsverzeichnis

1. Einleitung 3
2. Aufmerksamkeitslenkung und Gedächtnisprozesse 3

   2.1 Einfluss von Emotionen auf die Wahrnehmung: Das Phänomen der falschen Erinnerung 5

   2.2 Aufmerksamkeitslenkung durch Konditionierungstechniken 7
3. Umgang mit Emotionen 8

   3.1 Furcht- eine unbewusste und evolutionäre Emotion 10

   3.2 Verbindung zwischen Emotionen, Gedächtnis und Neugier 11
4. Literaturverzeichnis 13

1. Einleitung

In der vorliegenden Arbeit wird die Verbindung zwischen Zauberkunst und psychologischen Erkenntnissen im Bereich der Allgemeinen und Biologischen Psychologie untersucht. Dieses geschieht anhand der Konzeption einer Zaubershow, indem verschiedene Zaubertricks und Bühnenroutinen entwickelt werden, die nicht nur das Publikum unterhalten, sondern auch die Wahrnehmung, Entscheidungen und Handlungen des Publikums bewusst beeinflussen und täuschen. Ziel ist es, bestimmte Reaktionsweisen des Publikums oder einzelner Freiwilliger unbemerkt zu beeinflussen.

Um diese Ziele zu erreichen, bedarf es eines fundierten Verständnisses der psychologischen Mechanismen, die das Verhalten und die Wahrnehmung von Menschen steuern. In dieser Arbeit werden insbesondere die Aspekte der Aufmerksamkeitslenkung und der Gedächtnisprozesse beleuchtet. Diese bilden die Grundlage dafür, wie Informationen wahrgenommen und gespeichert werden. Des Weiteren wird der Umgang mit Emotionen betrachtet, da Emotionen eine zentrale Rolle dabei spielen, wie Menschen auf bestimmte Reize reagieren und wie gut sie sich an bestimmte Ereignisse erinnern können. Schließlich wird auch der Einfluss von Stimmung auf das Gedächtnis thematisiert, da die emotionale Verfassung eines Individuums erheblichen Einfluss auf dessen Erinnerungsfähigkeit hat.

Die vorliegende Arbeit soll aufzeigen, wie die Anwendung psychologischer Erkenntnisse in der Zauberkunst nicht nur die Illusion von Magie verstärken kann, sondern auch tiefere Einblicke in die Funktionsweise des menschlichen Geistes liefert.

2. Aufmerksamkeitslenkung und Gedächtnisprozesse

Bühnenzauberer*innen arbeiten sehr stark mit Aufmerksamkeitslenkung und Gedächtnisprozessen. So können wiederkehrende Elemente genutzt werden, um das Publikum für Gefahren zu sensibilisieren und Furcht zu erzeugen.

In einer Bühnenshow könnte ein subtil wiederkehrendes Element auf dem Prinzip der Furchtkonditionierung basieren, um die Aufmerksamkeit des Publikums auf potenzielle Gefahren zu lenken. Eine geeignete Methode wäre die gezielte Veränderung der Bühnenbeleuchtung, indem das Licht in bestimmten Momenten leicht in einen rötlichen Ton wechselt. Dieser Farbwechsel fungiert als konditionierter Reiz (CS), der mit einem unkonditionierten Reiz (US) – spannungsgeladenen oder bedrohlichen Momenten der Show – verknüpft wird.

Nach dem Modell von Joseph LeDoux (Myers & DeWall, 2023, S.511-513) werden unbewusste und bewusste Emotionen über unterschiedliche neuronale Pfade verarbeitet. LeDouxs Theorie beschreibt, dass ein emotional erregendes Ereignis, ob positiv oder negativ, zuerst subkortikal und vorbewusst verarbeitet wird. Bei visuellen Reizen geschieht dies, indem der Sehreiz zunächst über die Retina und den Thalamus geleitet wird (Höger, 2015, S.13f.; Roth, S.45f.). Von dort gibt es zwei Verarbeitungswege.

Der schnelle Pfad führt vom Thalamus direkt zu den limbischen Zentren, insbesondere zur basolateralen Amygdala. Dort werden die Informationen schnell und unbewusst verarbeitet, sodass sie unmittelbare Reaktionen in den vegetativen Zentren auslösen, wie eine Erhöhung der Wachsamkeit oder eine Anspannung. In der Show könnte das rote Licht als konditionierter Reiz (CS) über diesen Pfad sofortige Furcht oder Anspannung auslösen, ohne dass das Publikum bewusst wahrnimmt, warum es sich bedroht fühlt. Diese schnelle Verarbeitung ermöglicht reflexartige Reaktionen, die das Publikum automatisch in einen Zustand latenter Angst versetzen (Phelps & LeDoux, 2005, S.175-187).

Zeitgleich werden die visuellen Informationen vom Thalamus zur primären Sehrinde und weiter zu den temporalen und parietalen visuellen Kortexarealen geleitet, wo sie detaillierter und bewusster verarbeitet werden. Über diesen langsamen Pfad verbindet der Kortex die visuellen Reize mit deklarativen Gedächtnisinhalten, die vom Hippocampus und den umliegenden Regionen aktiviert werden. Diese Verbindung erlaubt es dem Gehirn, den Reiz bewusst zu analysieren und mit früheren Erfahrungen oder Erinnerungen zu vergleichen. In der Bühnenshow bedeutet das, dass das Publikum nach einer ersten, unbewussten Reaktion auf den Farbwechsel beginnt, die Situation bewusst zu hinterfragen und möglicherweise zu erkennen, dass keine tatsächliche Gefahr besteht (ebd.).

LeDouxs Modell verdeutlicht, dass Emotionen wie Angst sowohl unbewusst als auch bewusst verarbeitet werden. Während der schnelle Pfad dafür sorgt, dass das Publikum schnell auf den roten Lichtwechsel reagiert, kommt der langsame Pfad ins Spiel, wenn das Publikum den Reiz im Kontext der Bühnenshow bewusst verarbeitet. Das Zusammenspiel dieser beiden Pfade schafft eine komplexe emotionale Erfahrung, bei der unbewusste Reaktionen mit bewussten Wahrnehmungen kombiniert werden.

Durch die wiederholte Assoziation des rötlichen Lichts (CS) mit spannungsgeladenen Momenten der Show (US) entwickelt sich eine konditionierte Reaktion (CR): Das Publikum reagiert zunehmend mit Vorsicht und latenter Furcht, sobald das Licht wechselt, selbst wenn keine tatsächliche Bedrohung vorhanden ist.

Des Weiteren eignen sich Furcht und Angst besonders gut als Ablenkung in einer Zaubershow, weil sie durch eine schnelle, unbewusste Verarbeitung im Gehirn eine unmittelbare und starke Reaktion auslösen, die das gesamte Aufmerksamkeitssystem des Menschen aktiviert. Diese emotionale Reaktion wird vor allem durch die Amygdala gesteuert, die in der Lage ist, potenziell gefährliche Reize schnell zu verarbeiten, bevor der bewusste Verstand vollständig involviert ist (Myers & DeWall, 2023, S.81).

Das theoretische Modell, auf das sich diese Erklärung stützt, ist das Modell von Joseph LeDoux, das die duale Verarbeitung von Emotionen beschreibt. Es unterscheidet zwischen einem schnellen, unbewussten Pfad und einem langsamen, bewussten Pfad. Der schnelle Pfad verläuft vom Thalamus zur Amygdala und sorgt für eine sofortige emotionale Reaktion, wie zum Beispiel Angst oder Furcht, ohne dass der Reiz vollständig bewusst verarbeitet wurde. Diese direkte Verbindung ermöglicht eine rasche Aktivierung der vegetativen Reaktionen (z. B. erhöhter Herzschlag, Schreck), die Aufmerksamkeit und Wachsamkeit maximieren (Phelps & LeDoux, 2005, S.175-187).

Bei der bewussten Aufnahme werden Reize langsamer, aber detaillierter verarbeitet. Dabei laufen die Informationen über den Thalamus zur primären Sehrinde und anderen Teilen des Kortex, wo sie mit früheren Erfahrungen und Erinnerungen verglichen werden. Diese bewusste Verarbeitung ermöglicht es, den Reiz genauer zu analysieren, allerdings geschieht dies erst nach der unbewussten Reaktion. Die bewusste Einschätzung erfolgt also verzögert, was bedeutet, dass die unmittelbare Angstreaktion bereits die Aufmerksamkeit bindet, bevor der Verstand die Situation rational beurteilt (ebd.).

2.1 Einfluss von Emotionen auf die Wahrnehmung: Das Phänomen der falschen Erinnerung

Während Angst die Aufmerksamkeit schärft, führen angenehme Emotionen wie Freude eher dazu, dass Menschen etwas unaufmerksamer für Details werden. Hierbei spielt der Begriff „false memory" eine Rolle. Der psychologische Mechanismus hinter dem Phänomen der false memories (falschen Erinnerungen) basiert auf der Tatsache, dass Erinnerungen nicht statisch sind, sondern sich mit der Zeit verändern können. Selbst emotional stark aufgeladene Erinnerungen, wie etwa sogenannte Blitzlichterinnerungen (flashbulb memories), die mit intensiven Emotionen verbunden sind, unterliegen dieser

Veränderung. Während der Kern des Ereignisses oft stabil bleibt, verblassen weniger wichtige Details und werden unbewusst durch erfundene Informationen ersetzt. Dieser Prozess der Konfabulation geschieht unbewusst, und die betroffenen Personen sind oft davon überzeugt, dass ihre verzerrten Erinnerungen wahr sind (Johnson & Raye, 1998, S.137-141).

False memories entstehen häufig in emotional geladenen Situationen. In stressigen Momenten können Erinnerungen auftreten, die zwar sehr real erscheinen, jedoch mit der Zeit zunehmend von unwahren Elementen überlagert werden. Diese Verzerrungen sind das Ergebnis einer unbewussten Anpassung der Erinnerung, bei der das Gehirn versucht, Lücken zu füllen oder das Erlebte zu rekonstruieren, oft in Übereinstimmung mit externen Erzählungen oder emotionalen Eindrücken. In ähnlicher Weise können Menschen durch wiederholte Berichte oder Erzählungen anderer überzeugt sein, dass sie selbst etwas erlebt haben, was tatsächlich nie passiert ist (ebd. S.137).

Um nun zum Beispiel die Erinnerung von Zuschauer*innen während einer Bühnenaufführung gezielt zu beeinflussen, sollten Bühnenzauberer*innen grundlegende psychologische Prinzipien in ihre Darbietungen integrieren. Ein zentraler Aspekt ist die Differenzierung zwischen Kerngeschehen und Nebengeschehen. Das Kerngeschehen umfasst die entscheidenden Elemente der Darbietung, die die Hauptbotschaft oder die überraschenden Aspekte der Illusion transportieren. Nebengeschehen hingegen beziehen sich auf Ablenkungen oder scheinbar irrelevante Details, die eingesetzt werden können, um die Aufmerksamkeit der Zuschauer von den entscheidenden Momenten abzulenken. Diese Technik ermöglicht es, die Zuschauer dazu zu bringen, sich auf ausgewählte Informationen zu konzentrieren, während andere Details unbewusst ausgeblendet werden (Storbeck & Clore, 2005, S.789).

Das Deese-Roediger-McDermott-Paradigma bietet hierbei wertvolle Erkenntnisse. Es demonstriert, dass das menschliche Gedächtnis anfällig für Fehler ist und oft durch das Konfabulieren von Informationen ergänzt wird, die nicht tatsächlich präsentiert wurden. In Experimenten, die mit diesem Paradigma durchgeführt wurden, wurde festgestellt, dass Teilnehmer*innen dazu neigen, kritische Lockwörter zu erinnern, die stark mit den präsentierten Wörtern assoziiert sind, obwohl sie nicht tatsächlich erwähnt wurden. Diese Tendenz zeigt, wie wichtig es für Zauberer*innen ist, Nebengeschehen strategisch zu gestalten, um die Erinnerungen ihrer Zuschauer*innen gezielt zu beeinflussen. Indem sie unwichtige Informationen einfügen, die die Zuschauer*innen während der Darbietung verarbeiten, können sie sicherstellen, dass die Kerninformationen nicht nur erinnert, sondern auch verzerrt werden (ebd.).

Ein weiterer wichtiger Punkt ist das Konzept des Konfabulierens, das auf der Neigung des menschlichen Gedächtnisses basiert, Lücken durch eigene Erklärungen oder Geschichten zu füllen. Zauberer*innen können diese Tendenz nutzen, indem sie das Publikum aktiv anregen, eigene Narrative zu den erlebten Ereignissen zu entwickeln. Durch gezielte Fragen oder Vorschläge können Zuschauer*innen dazu verleitet werden, an Informationen zu glauben, die nicht explizit präsentiert wurden. Dies führt dazu, dass ihre Erinnerungen durch die eigenen Interpretationen beeinflusst werden, was durch die Ergebnisse der DRM-Studie untermauert wird (ebd., S.790).

Darüber hinaus zeigt die DRM-Studie, dass die Art und Weise, wie Informationen kodiert und abgerufen werden, entscheidend ist. Positive Stimmungen fördern eine relationale Verarbeitung, bei der Informationen miteinander verknüpft werden, was zu stärkeren „false memories" führen kann. Negative Stimmungen hingegen stimulieren eine spezifischere, detailorientierte Verarbeitung, die die Wahrscheinlichkeit erhöht, dass die Zuschauer*innen sich korrekt an die Darbietung erinnern. Diese Erkenntnisse können Zauberer*innen dazu nutzen, die emotionale Atmosphäre ihrer Aufführungen durch gezielten Einsatz von Musik oder visuellen Elementen zu gestalten (ebd., S.789).

2.2 Aufmerksamkeitslenkung durch Konditionierungstechniken

Um bei Zaubershows geschickt die Aufmerksamkeit des Publikums zu beeinflussen, können Konditionierungstechniken genutzt werden. Die klassische Konditionierung ist ein Lernprozess, bei dem ein Organismus lernt, auf einen ursprünglich neutralen Reiz zu reagieren, indem er diesen mit einem unbedingten Reiz assoziiert. Dieses Konzept wurde durch die Experimente von Iwan Pawlow bekannt, der zeigte, dass Hunde, die zunächst nur auf Futter (unbedingter Reiz) mit Speichelfluss (unbedingte Reaktion) reagierten, auch auf das Geräusch einer Glocke (neutraler Reiz) zu speicheln begannen, wenn dieses wiederholt zusammen mit dem Futter präsentiert wurde. Nach mehreren Wiederholungen wurde die Glocke zum konditionierten Reiz, der die konditionierte Reaktion (Speichelfluss) auslöste, selbst in Abwesenheit des Futters. Der Prozess verdeutlicht, wie assoziatives Lernen das Verhalten beeinflussen kann (Matten & Pausch, 2024, S.56).

In einer Zaubershow kann klassische Konditionierung wirkungsvoll eingesetzt werden, um die Aufmerksamkeit des Publikums gezielt zu lenken. Ein Beispiel hierfür ist ein*e Zauberer*in, der/die das Publikum dazu bringen möchte, ihre Aufmerksamkeit auf eine bestimmte Handbewegung zu richten, während er/sie mit der anderen Hand einen Trick ausführt. Zunächst führt der/die Zauberer*in einen beeindruckenden Trick vor, der das

Publikum in Staunen versetzt. Diese Überraschung wirkt als unbedingter Reiz und löst eine unwillkürliche Reaktion in Form von Begeisterung und Aufregung (unbedingte Reaktion) aus.

Im Verlauf der Show führt der/die Zauberer*in eine bestimmte Handbewegung ein, die zunächst neutral (neutraler Reiz) ist und keine spezielle Bedeutung hat. Durch wiederholte Aufführungen des Tricks in Verbindung mit dieser Handbewegung lernen die Zuschauenden, dass sie ein Signal für bevorstehende aufregende Tricks darstellt. Die Handbewegung wird somit zum konditionierten Reiz. Nach mehreren Wiederholungen reagieren die Zuschauenden zunehmend mit erhöhter Aufmerksamkeit und Erwartung, sobald sie die spezielle Handbewegung sehen, unabhängig davon, ob ein Trick präsentiert wird oder nicht.

Diese Technik ermöglicht es dem*r Zauberer*in, die Aufmerksamkeit der Zuschauenden effektiv auf die Handbewegung zu lenken, was ihm/ihr gestattet, den eigentlichen Trick unbemerkt auszuführen. Durch die konditionierte Reaktion haben die Zuschauenden gelernt, die Handbewegung als Hinweis für interessante Ereignisse in der Show zu interpretieren und reagieren entsprechend. So wird die klassische Konditionierung zu einem strategischen Werkzeug in der Zauberkunst (ebd.).

3. Umgang mit Emotionen

Der Erfolg von Bühnenzauberei hängt zu einem guten Teil davon ab, ob es dem*r Zauberer*in gelingt, große Emotionen auszulösen. Diese können durch verschiedene Techniken beeinflusst werden. Das OCC-Modell von Ortony, Clore und Collins (1988) ist ein Modell der Emotionen, das beschreibt, wie emotionale Reaktionen durch die Bewertung von Ereignissen, Handlungen und Objekten entstehen. Es unterscheidet drei Hauptkategorien von Emotionen: erstens jene, die durch Ereignisse ausgelöst werden, wie Freude und Traurigkeit, die auf positiven oder negativen Konsequenzen basieren, sowie Hoffnung und Furcht, die sich auf zukünftige Erwartungen beziehen. Zweitens gibt es Emotionen, die sich aus der Bewertung von Handlungen ergeben, etwa Stolz und Scham für eigenes Verhalten oder Bewunderung und Verachtung für das Verhalten anderer. Drittens entstehen Emotionen durch die Bewertung von Objekten, was sich in Zuneigung oder Abneigung ausdrückt.

Im Zentrum des Modells stehen kognitive Bewertungsprozesse (Appraisals), durch die Individuen Situationen auf Grundlage ihrer Überzeugungen und Erwartungen interpretieren. Dabei entscheiden Faktoren wie Wünschbarkeit, Verantwortlichkeit und

Attraktivität darüber, welche Emotion ausgelöst wird. Das Modell verdeutlicht, dass Emotionen nicht nur automatische Reaktionen sind, sondern stark von der individuellen Wahrnehmung und Bewertung abhängen. Diese theoretische Struktur hilft zu erklären, warum verschiedene Menschen auf die gleiche Situation unterschiedlich reagieren (Clore & Ortony, 2013, S.336f.).

Um die Emotionen Stolz und Hoffnung bei einem Zuschauer oder einer Zuschauerin im Kontext der Bühnenzauberei zu induzieren, kann das OCC-Modell von Ortony, Clore und Collins (1988) als Grundlage dienen. Im Folgenden wird erläutert, wie ein*e Zauberer*in gezielt Stolz und Hoffnung hervorrufen kann.

Nach dem OCC-Modell entsteht Stolz, wenn eine Person ihre eigenen Handlungen oder Leistungen als positiv und lobenswert bewertet. Um Stolz bei einem*r Zuschauer*innen auszulösen, kann der/die Zauberer*in diese aktiv in die Show einbinden. Ein mögliches Szenario wäre, die Zuschauenden zur Teilnahme an einem Trick einzuladen, bei dem es so wirkt, als hätten die Zuschauenden selbst eine wesentliche Rolle im Gelingen des Tricks gespielt (ebd.).

Der/Die Zauberer*in kann zum Beipiel eine*n Zuschauer*in bitten, eine Karte zu wählen und zu mischen, und lässt es so aussehen, als ob der/die Zuschauer*in durch die eigene Geschicklichkeit und Intuition den Trick ermöglicht hat. Wenn der Trick erfolgreich ist, lobt der/die Zauberer*in den/die Zuschauer*in öffentlich für sein Talent. Dadurch wird eine Situation geschaffen, in der der/die Zuschauer*in das Gefühl hat, durch seine/ihre eigene Leistung zum Erfolg beigetragen zu haben.

Hoffnung, laut OCC-Modell, bezieht sich auf die Erwartung eines positiven zukünftigen Ereignisses. Um Hoffnung zu erzeugen, muss der/die Zauberer*in ein Szenario schaffen, in dem der/die Zuschauer*in den positiven Ausgang eines Tricks antizipieren kann, auch wenn der Ausgang noch ungewiss ist (ebd.).

Der/die Zauberer*in könnte ankündigen, dass er/sie einen besonders spektakulären Trick ausführt, bei dem das Ergebnis davon abhängt, dass der/die Zuschauer*in eine bestimmte Wahl trifft oder eine Entscheidung fällt. Zum Beispiel könnte der/die Zauberer*in eine „Vorhersage" machen und den/die Zuschauer*in bitten, aus mehreren Optionen auszuwählen. Der/die Zauberer*in baut Spannung auf, indem er/sie erklärt, wie schwierig es ist, dass der Trick funktioniert, aber suggeriert zugleich, dass ein Erfolg möglich ist. Die Erwartung eines beeindruckenden Ergebnisses erzeugt Hoffnung, da die Zuschauenden auf ein positives, überraschendes Finale hoffen.

3.1 Furcht- eine unbewusste und evolutionäre Emotion

Die Theorie von Öhman besagt, dass Menschen evolutionär darauf vorbereitet sind, bestimmte bedrohliche Reize schnell und automatisch zu erkennen, selbst wenn sie nur unterschwellig wahrgenommen werden. Öhman zeigte in seinen Studien, dass bedrohliche Bilder, wie etwa von Schlangen oder Spinnen, selbst dann unbewusste Furchtreaktionen auslösen können, wenn sie so kurz eingeblendet werden, dass sie vom Bewusstsein nicht wahrgenommen werden (maskierte Darbietung).

Das Gehirn, insbesondere das limbische System, reagiert besonders sensibel auf solche potenziell gefährlichen Reize und löst automatisch physiologische Reaktionen wie erhöhten Herzschlag und veränderten Hautwiderstand aus. Diese automatisierte Sensibilität für Bedrohungen ist evolutionär bedingt und hilft, auf potenzielle Gefahren schnell zu reagieren, ohne dass eine bewusste Verarbeitung nötig ist (Öhman, 1999, S.337ff.).

Um unbewusst die Emotion Furcht bei Zuschauenden auszulösen, kann der/die Bühnenmagier*in einen kurzen Film einsetzen, der subtile Reize verwendet, die Angstreaktionen hervorrufen, ohne dass das Publikum den Grund dafür bewusst wahrnimmt. Der/Die Magier*in könnte daher einen Film erstellen, der maskierte Bilder von Schlangen enthält. Diese Bilder würden für sehr kurze Zeit (z.B. 30 Millisekunden) eingeblendet, sodass sie schnell genug sind, um nicht bewusst wahrgenommen zu werden, aber dennoch stark genug, um eine unbewusste Furchtreaktion zu erzeugen. Um sicherzustellen, dass die bedrohlichen Reize unbewusst bleiben, könnten diese zwischen neutralen oder positiven Bildern, wie Landschaften oder Pflanzen, eingeblendet werden, was die bewusste Wahrnehmung der Schlangenbilder weiter verschleiert (Öhman, 1999, S.337-339).

Um Furcht als Element zu nutzen, ist es die evolutionäre Komponente hinter dieser zu verstehen. Die Preparedness-Hypothese, entwickelt von Seligman (1971), besagt, dass Menschen evolutionär darauf vorbereitet sind, auf bestimmte Reize schneller und stärker mit Angst zu reagieren. Dazu gehören beispielsweise Spinnen oder Höhen, da diese in der menschlichen Evolution potenzielle Gefahren darstellten und eine schnelle Reaktion überlebenswichtig war. Dieses Prinzip ist wichtig, weil es erklärt, welche Reize besonders effektiv sind, um unbewusste Angst zu erzeugen.

Für den/die Bühnenmagier*in bedeutet dies, dass er/sie Reize einsetzen sollte, die evolutionär bedrohlich wirken, um unbewusste Furcht bei dem Publikum hervorzurufen.

Wenn er/sie beispielsweise in einem Film Schlangenbilder oder bedrohliche Geräusche verwendet, kann er die emotionale Wirkung seiner Show verstärken. Das Prinzip der Preparedness macht also deutlich, dass einige Reize besonders geeignet sind, starke und schnelle Furchtreaktionen auszulösen (Wittchen & Hoyer, 2011, S.1135).

3.2 Verbindung zwischen Emotionen, Gedächtnis und Neugier

Menschen erinnern sich besonders gut an Momente, Ereignisse oder Situationen, die emotional bedeutsam waren. Dieses soll anhand von zwei Studien verdeutlicht werden und zeigen, wie dieses für Zaubershows nützlich seien kann.

Die Studie von Kang et al. (2009, S.963) untersuchte die Mechanismen von Neugier und deren Auswirkungen auf Lernen und Gedächtnis, um zu verstehen, wie Neugier im Gehirn verarbeitet wird und welche Effekte sie auf das Verhalten und die Gedächtnisleistung hat. Das zentrale Ziel war zu klären, wie Neugier die Gehirnaktivität beeinflusst und ob sie dazu führt, dass Menschen mehr Anstrengung aufbringen, um Informationen zu erhalten.

Die Ergebnisse zeigten, dass beim Lesen von Trivia-Fragen ein höheres Maß an Neugier mit erhöhter Aktivität im Nucleus caudatus verbunden war, der mit der Erwartung von Belohnungen assoziiert ist. Dies deutet darauf hin, dass Neugier eine Art Belohnungsvorfreude im Gehirn auslöst. Ein weiterer wichtiger Befund war, dass Neugier die Aktivität in Gedächtnisregionen des Gehirns erhöhte, insbesondere wenn die Teilnehmenden die Antworten nicht kannten. Dieses führte zu einer verbesserten Erinnerung an überraschende Informationen. Die Studie zeigt, dass Neugier nicht nur das Verhalten motiviert, sondern auch die Gedächtnisleistung verbessert, indem sie die neuronale Aktivität in Belohnungs- und Gedächtnisregionen des Gehirns steigert (ebd.).

Die zweite Studie von Brot & Breitenwiese (2019, S.1) beschäftigt sich mit der Frage, ob Neugier nicht nur durch externe Belohnungen, sondern auch durch das intrinsische Bedürfnis, herauszufinden, ob eine Vorhersage zutrifft, stimuliert werden kann. Ziel der Studie war es, zu untersuchen, wie das Generieren von Vorhersagen die Neugier der Teilnehmenden beeinflusst und welche Auswirkungen dies auf das Lernen und die Gedächtnisleistung hat.

Die zentralen Ergebnisse der Studie zeigen, dass die Teilnehmenden in einer numerischen Lernaufgabe, bei der sie entweder eine Vorhersage oder ein Beispiel generieren mussten, höhere Neugierwerte für die Fakten angaben, die sie in der Vorhersagebedingung bearbeiteten. Dies deutet darauf hin, dass das Erstellen von

Vorhersagen tatsächlich die Neugier anregt. Des Weiteren wurde festgestellt, dass eine hohe Neugier mit einer besseren Erinnerung an die korrekten Antworten verbunden war.

Zusätzlich wurden pupillometrische Daten erhoben, die zeigten, dass eine größere Pupillenerweiterung während der Erwartung der korrekten Antwort mit höherer Neugier assoziiert war. Diese Ergebnisse legen nahe, dass das Generieren von Vorhersagen die Neugier stimuliert, indem es die Relevanz der Wissenslücke erhöht (ebd., S.1ff.).

Um unvergessliche Momente in einer Zaubershow zu kreieren, können die zentralen Ergebnisse der beiden Studien über Neugier und Emotionen genutzt werden, um die Zuschauer emotional zu fesseln und ihr Gedächtnis für diese Erlebnisse zu stärken. Ein effektiver Ansatz wäre, das Generieren von Vorhersagen aktiv einzubeziehen. Der/die Zauberkünstler*in könnte die Zuschauer*innen auffordern, eine Vorhersage über den Ausgang eines Tricks zu treffen, was nicht nur die Neugier steigert, sondern auch eine persönliche Verbindung zum Geschehen auf der Bühne herstellt. Diese aktive Teilnahme erhöht die emotionale Involvierung der Zuschauer*innen und fördert das Erinnerungsvermögen (ebd., S.1f.).

Eine weitere Möglichkeit wäre, emotionale Geschichten zu erzählen, die mit den Tricks verbunden sind. Die Studie von Kang et al. (2009, S.963) zeigt, dass Neugier mit einer besseren Gedächtnisleistung für überraschende Informationen assoziiert ist. Indem der/die Magier*in spannende und unerwartete Wendungen in seine/ihre Erzählungen einbaut, kann er/sie das Publikum emotional fesseln und dafür sorgen, dass sich diese besser an die Tricks erinnern.

Zusätzlich sollten Überraschungselemente in die Darbietung integriert werden. Wenn der/die Magier*in mit unerwarteten Ergebnissen spielt und das Publikum in die Irre führt, werden sie motiviert, intensiver zuzuschauen und sich die Ereignisse besser einzuprägen. Diese überraschenden Momente erzeugen Emotionen, die dazu beitragen, dass die gesamte Darbietung als besonders unvergesslich wahrgenommen wird (ebd.).

4. Literaturverzeichnis

Brod, G., & Breitwieser, J. (Oktober 2019). Lighting the wick in the candle of learning: generating a. *npj Science of Learning, 4*(17), S. 1-7. doi:10.1038/s41539-019-0056-y

Clore, G., & Ortony, A. (Oktober 2013). Psychological Construction in the OCC Model of Emotion. *Emotion Review, 5*(4), S. 333-427. doi:https://doi.org/10.1177/1754073913489751

Höger, N. (2015). *Furchtkonditionierung als Modell für Amygdala-abhängige Plastizität bei Depression*. Freiburg i. Br.: Albert-Ludwig-Universität.

Johnson, M., & Raye, C. (1. April 1998). False memories and confabulation. (E. S. Ltd, Hrsg.) *Trends in Cognitive Sciences, 2*(4), p137-145. doi:10.1016/S1364-6613(98)01152-8

Kang, M., Hsu, M., Krajbich, I., Loewenstein, G., McClure, S., Tao-Yi Wang, J., & Camerer, C. (August 2009). The wick in the candle of learning: epistemic curiosity activates reward circuitry and enhances memory. *Psychological Science, 20*(8), S. 963-973. doi:10.1111/j.1467-9280.2009.02402.x

Matten, S., & Pausch, M. (2024). *Depression, Trauma und Ängste. In Management und Öffentlichkeit*. Wiesbaden: Springer Verlag. doi:https://doi.org/10.1007/978-3-658-43966-8_5

Myers, D., & DeWall, C. (2023). *Psychologie* (4. vollständig überarbeitete Auflage). Berlin, Heidelberg: Springer Verlag. doi:https://doi.org/10.1007/978-3-662-66765-1

Öhman, A. (1999). Distinguishing Unconscious from Conscious Emotional Processes: Methodological Considerations and Theoretical Implications. *Handbook of Cognition and Emotion*, S. 321-352. doi:https://doi.org/10.1002/0470013494.ch17

Phelps, E., & LeDoux, J. (2005). *Contributions of the Amygdala to Emotion Processing: From Animal Model to Human Behavior*. New York: Neuron. doi:10.1016/j.neuron.2005.09.025

Roth, G. (kein Datum). *Kognitive Prozesse und Emotionen* (Bd. APSYH03). Bremen: Apollon Hochschule der Gesundheitswissenschaften.

Storbeck, J., & Clore, G. (November 2005). With Sadness Comes Accuracy; With Happiness, False Memory. *Psychological Science, 16*(10), 785-791. doi:10.1111/j.1467-9280.2005.01615.x

Wittchen, H.-U., & Hoyer, J. (2011). *Klinische Psychologie & Psychotherapie*. Berlin, Heidelberg: Springer Verlag. doi:https://doi.org/10.1007/978-3-642-13018-2

BEI GRIN MACHT SICH IHR WISSEN BEZAHLT

- Wir veröffentlichen Ihre Hausarbeit, Bachelor- und Masterarbeit

- Ihr eigenes eBook und Buch - weltweit in allen wichtigen Shops

- Verdienen Sie an jedem Verkauf

Jetzt bei www.GRIN.com hochladen und kostenlos publizieren